Género Ficción realista

Pregunta esencial
¿Qué nos puede enseñar nuestra conexión con el mundo?

Ayuda a los necesitados

Max Olsen   ilustrado por James Stayte

Capítulo 1
Después del terremoto

Cuando un enorme terremoto sacudió el Valle Central de Costa Rica, Carlos no podía quitar los ojos de la pantalla del televisor. Las noticias mostraban imágenes de edificios derrumbados y cómo las personas eran sacadas en camillas de los escombros. Carlos deseó poder ayudar pero no estaba seguro de qué podría hacer.

A la mañana siguiente, camino a la escuela, seguía pensando en el desastre. Mientras miraba hacia afuera por la ventana del bus, se preguntó cómo sería si un terremoto arrasara su ciudad. Se asustó cuando retumbó una sirena al paso de una ambulancia a toda velocidad.

Al inicio de la clase, la señorita Rodríguez llamó lista. Después los estudiantes hablaron del terremoto y la señorita Rodríguez anunció que estaba buscando voluntarios para participar en un proyecto de ayuda para las víctimas del terremoto de Costa Rica.

Carlos levantó la mano de inmediato, porque parecía que, después de todo, *podría* haber una forma para que él ayudara a las víctimas del terremoto. A su alrededor otros estudiantes también se ofrecieron como voluntarios y muy pronto la señorita Rodríguez tenía seis de ellos, incluyendo a Carlos y a su mejor amigo, Bruno.

—Eso está bien —dijo la señorita Rodríguez—, pero recuerden que hacer voluntariado significa dedicar su propio tiempo para ayudar a otros. Para empezar, tendremos una reunión de planeación del proyecto aquí a la hora del almuerzo, así que los espero en el salón de clases inmediatamente después de que suene la campana del almuerzo, por favor.

Carlos llamó la atención de Bruno.

—¿Qué crees que podemos hacer para ayudar? —le preguntó.

—No sé —respondió Bruno—. En la televisión han estado pidiendo donaciones. Tal vez podríamos reunir dinero si nuestros vecinos nos pagan por hacer mandados.

—Pero podría tomar tiempo reunir el dinero suficiente —dijo Carlos con delicadeza. Sabía que tenía que haber algo más que pudieran hacer, pero no se le ocurrían otras alternativas.

Bruno no estaba preocupado. Estaba seguro de que la señorita Rodríguez y los otros voluntarios tendrían muchas ideas.

Cuando Carlos y Bruno llegaron a la reunión, Mónica, Juliana, Alejandra y Jorge ya estaban sentados alrededor de la mesa. En ese momento la señorita Rodríguez explicó que los estudiantes debían decidir qué iban a hacer para ayudar a las víctimas del terremoto de Costa Rica. Sería su propio proyecto.

—Yo estaba pensando en dar un concierto —dijo Jorge, cuando se abrió la discusión.

El grupo se entusiasmó con la idea hasta que Mónica señaló que solo Bruno y Jorge interpretaban instrumentos. Además, Juliana agregó que debían actuar rápido y que la organización de un concierto tomaría tiempo.

Hicieron una lluvia de ideas un rato más, lanzándolas animadamente de una persona a otra. Consideraron recolectar latas de aluminio para cambiarlas por dinero y alguien incluso sugirió ¡pedir a sus padres que los llevaran hasta Costa Rica en autos cargados con provisiones!

Carlos no propuso nada, porque simplemente estaba feliz de ayudar con lo que el grupo escogiera, pero sabía que necesitaban ponerse de acuerdo en algo que los animara a todos.

—¡Oigan! —dijo Jorge, interrumpiendo la discusión mientras acercaba su silla de ruedas a la mesa—. La señorita Rodríguez nos dijo que las personas afectadas por el terremoto de Costa Rica necesitan alimentos y agua potable, así que eso es lo que deberíamos enviarles.

—Tienes razón —dijo Alejandra—. Deberíamos recolectar provisiones y agua embotellada. Mis padres son dueños del supermercado de la calle Higuera, y sé que estarían felices de donar muchos alimentos enlatados.

—También podríamos pedirles donaciones a otras tiendas de la ciudad —agregó Carlos.

—Mi mamá trabaja en una fábrica donde producen cereal —añadió Mónica—. Apuesto que ellos nos darían cajas de cereal.

Todos votaron que la opción de enviar alimentos a Costa Rica era la mejor idea y pronto el salón zumbaba de entusiasmo mientras los voluntarios proponían formas de recolectar donaciones.

—Vamos a trabajar por parejas y pidamos a nuestros padres que nos lleven a diferentes negocios de los alrededores —sugirió Bruno.

Bruno rebuscó en el directorio telefónico para identificar treinta negocios clave para pedir donaciones, después dividieron la lista en tres, y asignaron diez negocios para que los visitara cada pareja de estudiantes.

La señorita Rodríguez estaba visiblemente complacida con su trabajo cuando pasó más tarde.

—Todos han hecho un buen trabajo, pero debemos reunirnos de nuevo el próximo lunes para clasificar las donaciones que hayan recolectado.

—¿Quieres trabajar conmigo? —preguntó Bruno, volviéndose hacia Carlos.

—¡Por supuesto! —replicó él. Luego se le ocurrió una idea y los llamó a todos cuando salían.

—¡Esperen! ¿No deberíamos pensar en cómo haremos llegar las provisiones a Costa Rica?

—Buen punto —dijo Bruno—. Recuerdo que anoche vi en las noticias que la Cruz Roja Costarricense está trabajando en la zona del desastre, así que ¿por qué uno de nosotros no los contacta?

—¿Pueden encargarse ustedes dos? Podrían llamar o tal vez enviarles un correo electrónico —dijo Alejandra.

—Claro —respondió Carlos—. No hay problema.

Carlos y Bruno encontraron la dirección de la Cruz Roja Costarricense en internet y Carlos les escribió preguntándoles cómo podrían enviar los suministros.

Fue divertido, porque había algo realmente emocionante en tener una conexión con otro país.

Capítulo 2

¡Oh, no!

El sábado en la mañana, tan pronto Carlos se despertó, su estómago empezó a hacer piruetas. Aunque estaba ansioso por recolectar provisiones, también estaba nervioso y se preguntaba si serían capaces de convencer a los dueños de los negocios de que donaran.

Mientras se apuraba a comer su desayuno, se preguntó qué tendrían las víctimas del terremoto para desayunar. En cuanto terminó de comer, llegó Bruno con su mamá a recogerlo.

—¡Vamos, Carlos, apúrate! —llamó Bruno.

El entusiasmo de su amigo le dio más confianza a Carlos. Mientras la mamá de Bruno los conducía hasta un puesto de frutas y verduras en la calle Ventura, empezó a relajarse.

Cuando Carlos y Bruno saltaron del auto, la mamá les dijo:

—Si me necesitan estaré justo aquí, recuerden lo que dijo la señorita Rodríguez: necesitan tomar las decisiones de su proyecto.

El robusto dueño del puesto de frutas y verduras escuchó cortésmente, mientras Carlos le explicaba detalladamente qué estaban recolectando y por qué.

Cuando terminó, el dueño sonrió y dijo:

—Me encantaría ayudar, pero estas verduras no se conservarían el tiempo suficiente hasta que las envíen a Costa Rica, así que cuando lleguen allá, ya serán compost.

Carlos y Bruno se miraron horrorizados. ¿Por qué no habían pensado en eso?

—Gracias de todos modos, señor —murmuró Carlos avergonzado.

El siguiente tendero felicitó a los muchachos por su esfuerzo, pero les explicó que como ya había dado dinero para el terremoto no podía donar provisiones. Lo mismo sucedió en los dos siguientes negocios.

—Tal vez esto no fue tan buena idea —se quejó Bruno.

Pero después la mujer del minimercado les dio cinco cajas de leche en polvo y una bolsa de albaricoques secos, diciendo:

—Tengo familiares en Costa Rica. Es bueno ver personas como ustedes que salen y ayudan.

Carlos se sintió aliviado por conseguir finalmente una donación, pero pensó que no habían recogido mucho, en especial cuando vio a Jorge y a Alejandra salir del supermercado de los padres de ella con un carrito de mercado ¡que crujía bajo el peso de docenas de latas de verduras y de botellas de agua!

Hacia la mitad de la tarde los chicos habían visitado sus diez negocios y se sentían más felices.

—Tal vez no recolectamos tanto como Jorge y Alejandra —dijo Bruno— pero prácticamente llenamos la cajuela del auto.

Después de que Bruno y su mamá dejaron a Carlos de regreso en casa, él revisó su correo, esperando una respuesta de la Cruz Roja Costarricense. Aunque no había nada en su bandeja de entrada, no se preocupó. Probablemente estaban demasiado ocupados para responder de inmediato.

El siguiente lunes en la escuela, le tomó casi una hora a la clase poder descargar las provisiones donadas. A la mamá de Mónica le habían dado 50 cajas de cereal en la fábrica y el papá de Juliana debió hacer dos viajes para poder llevar a la escuela todas las provisiones donadas. La pila ubicada detrás del salón era enorme, ¡casi tan alta como Carlos!

En el recreo, el equipo trabajó duro clasificando las provisiones y cuando ya casi habían terminado, Carlos corrió a la biblioteca para revisar su correo electrónico de nuevo. Estaba encantado de ver un mensaje de la Cruz Roja Costarricense.

No necesitó mucho tiempo para darse cuenta de que venía de la Cruz Roja Costarricense: abrió el correo con gran emoción, pero el mensaje lo golpeó como una bofetada en la cara y se sintió enormemente decepcionado. ¿Qué les diría a los demás?

Imprimió el mensaje y caminó de mala gana de regreso al salón.

Detective del lenguaje	**Busca una locución preposicional en esta página.**

Los voluntarios estaban demasiado ocupados para notar que Carlos había regresado, pero cuando la señorita Rodríguez lo miró, reconoció de inmediato que algo estaba muy mal.

—¿Qué pasó, Carlos? —preguntó ella, apresurándose hacia él.

—No podemos enviar los alimentos —respondió en voz baja, entregándole a la señorita Rodríguez el mensaje de la Cruz Roja Costarricense.

La señorita Rodríguez tomó el mensaje y lo leyó rápidamente.

—Malas noticias, chicos. Carlos recibió la respuesta de la Cruz Roja Costarricense y necesitamos hablar de lo que nos han dicho —anunció. Luego leyó el mensaje en voz alta.

Estimados estudiantes:

Aquí en la Cruz Roja nos conmueve mucho que ustedes quieran ayudar con el esfuerzo de recuperación del terremoto de Costa Rica. Es maravilloso que los estudiantes estén tratando de ayudar a las personas desafortunadas que han sido afectadas por este desastre, pero, tristemente, no es práctico enviar provisiones a la zona del terremoto. Esto se debe a que el costo del envío de los alimentos sería mayor que su valor y en cualquier caso, con la actual situación en el área del terremoto, no tenemos manera de transportarlos a donde se necesitan.

Hubo un murmullo de decepción en el salón a medida que se entendían las implicaciones del mensaje.

La señorita Rodríguez continuó leyendo:

Lo que necesitamos urgentemente son donaciones de dinero de manera que podamos comprar las provisiones necesarias en Costa Rica, cerca del área que está más afectada. Desde allí, será más fácil distribuir las provisiones a las personas que las necesitan. Gracias de nuevo por sus amables esfuerzos y esperamos que consideren hacer una donación en dinero a la Cruz Roja Costarricense.

El correo era de María Zaragoza, Directora de Ayuda, Cruz Roja Costarricense.

Alejandra había empezado a llorar, pero los demás estaban en silencio y sentían como si hubieran trabajado arduamente para nada.

—¿Qué podemos hacer? —dijo Mónica.

—No hay nada que podamos hacer, excepto devolver todas las provisiones a los negocios que las donaron —respondió Juliana.

Carlos estaba a punto de aceptar cuando se le ocurrió una idea.

—¡Esperen! —dijo—. No tenemos que devolverlas. Tengo una mejor idea.

Capítulo 3

Día de mercado

La expresión del rostro de Carlos había cambiado de terrible decepción a gran entusiasmo y todos lo miraban con expectativa.

Señaló las cajas de provisiones y describió su idea.

—Si la Cruz Roja necesita dinero, simplemente venderemos estos alimentos y así conseguiremos el dinero.

—¡Es una idea formidable! —dijo Jorge—. ¡Podemos transformar las provisiones en dinero!

La señorita Rodríguez permanecía en silencio, pero escuchaba atentamente lo que los voluntarios estaban diciendo.

—¿Pero dónde podemos vender todo esto? —preguntó Juliana, con duda en su mirada.

—En el mercado del sábado donde mi abuela vende sus tejidos cada semana —respondió Carlos, explicando que cualquiera podía poner un puesto allí.

De repente, a Carlos le parecía que tenía todas las respuestas en la punta de la lengua. Bruno y él no habían conseguido recolectar tantas provisiones como los otros, pero sabía que había hecho una contribución importante al encontrar la solución perfecta al problema.

La señorita Rodríguez finalmente se unió a la discusión.

—Creo que la idea de Carlos podría funcionar, pero antes de poder vender algo en el mercado, debemos pedir permiso a todos los negociantes que donaron las provisiones.

—¿Sabes lo que eso significa? —gritó Bruno—. Ahora que no vamos a enviar los alimentos hasta Costa Rica, podemos volver al puesto de frutas y verduras y a la carnicería, y pedirles que donen sus productos para conseguir dinero para las víctimas del terremoto. ¿Qué opinas, Carlos?

—Es muy buena idea —asintió Carlos.

Cuantas más personas le pedían su opinión, más confiado se sentía Carlos de darla. Respiró profundo y dijo:

—Deberíamos trabajar en parejas de nuevo, así podemos preparar todo a tiempo para el mercado. Alejandra y Jorge, ¿ustedes pueden organizar lo del alquiler del puesto en el mercado?

Ellos asintieron con la cabeza.

—Mónica y Juliana —continuó Carlos—, ¿harían una pancarta para el puesto? La gente necesita saber que su dinero va a ir a una causa caritativa. Bruno, tú y yo podemos volver a visitar algunas tiendas a las que fuimos el sábado y pedir donaciones de alimentos frescos. Todos deberíamos llamar a los negocios que ya nos dieron donaciones para asegurarnos de que podemos vender lo que nos dieron.

Detective del lenguaje **¿Qué función tiene la coma en el texto subrayado?**

Carlos se sentía increíblemente feliz ahora que sabía que los voluntarios *podían* aportar un grano de arena a la situación en Costa Rica... y era su propia idea la que lo había hecho posible. Estaba convencido de que el puesto sería un éxito. Las personas comprarían los productos cuando vieran que el dinero iba a apoyar la causa del terremoto.

Ese viernes en la noche, Carlos cargó los repollos y las bananas que les habían dado para vender, en el auto de su papá, y se escribió una nota recordatoria para sacar la carne del congelador en la mañana. Después puso su despertador a las seis de la mañana para tener tiempo suficiente de organizar todo antes de que abrieran el mercado.

Cuando llegó al mercado, la señorita Rodríguez, Alejandra y Jorge ya estaban allí. A medida que los otros estudiantes llegaron con sus cajas de provisiones, el puesto empezó a tomar forma.

—¡Se ve bien! —dijo con aprobación la administradora del mercado cuando pasó—. Este debe ser el puesto más grande.

Carlos, quien estaba mirando con orgullo el inmenso letrero que colgaba de su mesa, le preguntó qué le parecía.

—RECAUDACIÓN DE FONDOS CRUZ ROJA COSTARRICENSE —leyó en voz alta la administradora—. Esto de verdad llamará la atención de las personas —dijo asintiendo con la cabeza.

Minutos más tarde empezaron a reunirse los compradores alrededor del puesto y comenzaron a venderse las provisiones.

Bananas
Recaudación de fondos
Cruz Roja
Costarricense

De repente algo extraordinario empezó a ocurrir. En lugar de pagar los precios que los estudiantes pedían, las personas empezaron a ofrecer mucho más.

—Me llevaré una lata de frijoles, por favor —dijo un hombre joven con un bebé en una mochila a la espalda, señalando la pila de latas en frente de Carlos. Le entregó un billete de 20 dólares para pagar y cuando Carlos trató de darle el cambio, el hombre le dijo que no era necesario.

—Quédatelo —le dijo—. Las víctimas del terremoto lo necesitan más que yo.

Para el asombro y la alegría de Carlos, ocurrió repetidamente lo mismo con otros compradores y, más tarde en esa mañana, las cosas mejoraron aún más.

Una mujer le dijo a Carlos disculpándose que ella no quería comprar nada, pero ¿podía solo hacer una contribución?

—¡Por supuesto! —dijo Carlos sonriendo—. Quiero decir, muchas gracias.

Al terminar el día cuando los estudiantes ayudaron a la señorita Rodríguez a contar las ganancias, el total era más de lo que Carlos había imaginado.

—¿Qué aprendimos? —preguntó la señorita Rodríguez antes de que todos se fueran a casa.

—Siempre debemos preguntar a las organizaciones qué necesitan antes de tratar de ayudar —respondió Bruno.

Bruno tenía razón, pero Carlos sabía que él había aprendido algo igualmente importante. Había aprendido que todos pueden ayudar, solo es cuestión de encontrar la forma apropiada de hacerlo.

Respuesta a la lectura

Resumir

Usa los detalles más importantes de *Ayuda a los necesitados* para resumir el cuento. Puedes usar el organizador gráfico como ayuda.

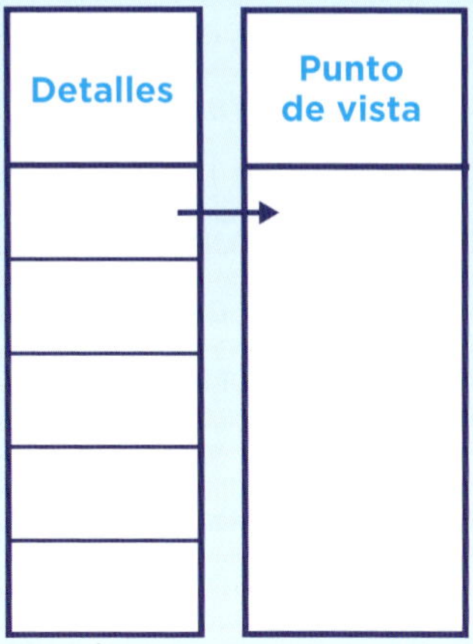

Evidencia en el texto

1. ¿Cómo sabes que *Ayuda a los necesitados* es un texto de ficción realista? Identifica cuatro características del cuento que te permitan determinarlo. **GÉNERO**

2. Este cuento, ¿está narrado en primera o en tercera persona? Usa detalles del texto para describir el punto de vista del autor. **PUNTO DE VISTA**

3. En la página 4, el autor dice que el salón "zumbaba de entusiasmo". Busca otro ejemplo de personificación en la página 6. ¿Cómo enriquecen el cuento estos ejemplos? **PERSONIFICACIÓN**

4. Escribe cómo los sucesos de las páginas 9 a 12, cambiarían si Carlos los hubiera narrado en primera persona. Incluye detalles del texto en tu respuesta. **ESCRIBIR SOBRE LA LECTURA**

Género Poesía

Compara los textos

Lee este poema sobre la conexión existente entre los seres vivos y su entorno.

La lluvia, el sol y el árbol

Alexis Romay (poeta cubano)

En una tarde, en un prado,
al final de una tormenta,
de repente, me di cuenta
que no me había mojado.
Mis amigos, a mi lado,
comprendieron al instante
que el árbol impresionante
que antes nos brindó su sombra
fue nuestro techo y alfombra
contra la lluvia abundante.

Meses después, el calor
castigaba a la pradera
al fin de la primavera.
Pero nos hizo el favor
de regalar el verdor
a los campos y sembrados,
las llanuras y los prados.
Y el árbol primaveral
nos regaló una señal
que nos dejó cautivados.

Illustration: Hernán Sosa

Con la lluvia, el sol y el viento,
donde hubo flores, el fruto
llegó como sustituto
para endulzar el momento.
Y así se termina el cuento
de aquel árbol generoso
que fue refugio y reposo
en una tarde lluviosa
y nos ofreció otra cosa:
su fruto tan delicioso.

Haz conexiones

¿Cómo el poema "La lluvia, el sol y el árbol" te enseña a conectarte con lo que te rodea? **PREGUNTA ESENCIAL**

¿Cuál es el mensaje de *Ayuda a los necesitados* y "La lluvia, el sol y el árbol"? **EL TEXTO Y OTROS TEXTOS**

Enfoque:
Elementos literarios

Imaginería Los poetas y otros escritores usan la imaginería para enriquecer sus textos de manera que los lectores tengan una idea más clara de lo que leen. La imaginería puede incluir el uso de metáforas o símiles, o puede, simplemente, hacer uso de descripciones vívidas. A menudo, la imaginería usa los sentidos (tacto, vista, oído, olfato y gusto).

Lee y descubre En la primer estrofa de"La lluvia, el sol y el árbol", el poeta nos ayuda a hacernos una idea más clara de la tormenta valiéndose de las palabras "lluvia" y "mojado" (pág. 17). Más adelante, en la página 20, el poeta utiliza las palabras "lluvia", "sol" y "viento" para ayudarnos a comprender cómo las flores se convierten en fruto.

Tu turno

Cierra tus ojos e imagina una persona o una escena de tu niñez. Podría ser una reunión familiar, la espera de un suceso especial o la visita a un lugar nuevo. Imagina esto con todos tus sentidos. ¿Puedes ver, oír, oler, tocar y sentir? Después anota algunas palabras u oraciones de lo que viste, oíste, oliste, probaste y tocaste. Usa estas notas para escribir un poema o un pequeño cuento que incluya la persona o la escena que imaginaste. Ilustra lo que escribiste y comparte tu trabajo con tu grupo.